Minna no Nihongo
みんなの日本語初級II
標準問題集

スリーエーネットワーク

Published by 3A Corporation.
Trusty Kojimachi Bldg., 2F, 4, Kojimachi 3-Chome, Chiyoda-ku, Tokyo 102-0083, Japan

ISBN978-4-88319-140-6 C0081

First published 1999
Printed in Japan

まえがき

　「みんなの日本語初級Ⅱ標準問題集」は、「みんなの日本語初級Ⅱ」各課に沿って、その課の学習事項の確認、整理、定着を図るための基礎的練習問題集です。

　各課の問題はその課の学習の総仕上げとして、教室で、あるいは宿題として利用することにより、学習者の練習量を増やすとともに、各自が自分の達成度を測ることができるよう作られています。

　また、教師が回収してチェックすることにより、学習者の習得状況を把握し、必要に応じて復習の時間を設けたり、個別指導をするなど、日々の学習活動の充実に役立てていただけるよう配慮されています。

　各課の2ページの問題のほかに、復習やテストとして使えるまとめの問題を入れました。（26〜33課、34〜42課、43〜50課、26〜50課）

　表記は原則として「みんなの日本語初級Ⅱ」に倣い、漢字にはすべてふりがなを付けました。

　本教材をお使いになってみてのご意見・ご感想などをお寄せいただければ幸いです。

　1999年11月

株式会社スリーエーネットワーク

名前　ジユン　パク

1. 例：シャワー（の）お湯（が）出ません。

1）9時半（の）新幹線（に）間に合いませんでした。

2）学校（に）遅れたことがありますか。

3）ボランティア（に）参加しませんか。

4）ファクスの調子が悪いんですが、どこ（に）連絡したらいいですか。

5）ごみは駐車場（の）横（の）ごみ置き場（に）出してください。

2.

> いいです，悪かったです，下手です，病気です，遅れました
> 故障しました，書きます，来ませんでした，休みじゃありません
> 食べません，捜しています，ありません，しています

例：何を捜しているんですか。…ここに置いた手帳がないんです。

1）どうしてケーキを<u>たべない</u>んですか。…実はダイエットを<u>して</u>んです。（している）

2）どうして会議の時間に<u>おくれた</u>んですか。…車が<u>こしょうした</u>んです。

3）この間のお花見、どうして<u>こなかった</u>んですか。

　　…ちょっと都合が<u>わるいだ</u>んです。

4）土曜日遊びに来ませんか。…すみません。今度の土曜日は<u>やすみじゃない</u>んです。

5）今晩飲みに行きませんか。…すみません。妻が<u>びょうきな</u>んです。

6）いつもワープロで手紙を<u>かく</u>んですか。

　　…ええ、わたしは字が<u>へたな</u>んです。

3. 例：けさは ｜何か，何も，何でも｜ 食べませんでした。

1）渡辺：朝はいつも5時ごろ起きます。

　　高橋：｜特に，ずいぶん，たくさん｜ 早いんですね。

2）渡辺：｜今度，最近，もうすぐ｜ の運動会に参加したいんですが。

　　高橋：｜だれか，だれも，だれでも｜ 参加することができますから、

　　　　　林さんに ｜直接，特に，きっと｜ 申し込んでください。

3）渡辺：高橋さん、その手帳、いいですね。わたしも ｜こんな，そんな，あんな｜

　　　　　手帳が欲しいんですが、どこで買ったんですか。

　　高橋：エドヤストアです。手帳の ｜乗り場，置き場，売り場｜ は1階の奥にあります。

1

4. 例：たばこを吸ってもいいですか。

…すみません。ここは禁煙なんです。

1）食事に行きませんか。

…すみません。今ちょっと気分が <u>わるいんです。</u>

2）よくテレビを見ますか。

…いいえ、あまり見ません。時間が <u>ないんです。</u>

3）きれいな桜の写真ですね。

…ええ。奈良のお寺で <u>とったんです。</u>

4）ずいぶんにぎやかですね。

…ええ。隣の部屋でパーティーを <u>しているんです。</u>

5）自分で食事を作りますか。

…いいえ。料理があまり <u>じょうずじゃないんです。</u>

5.

行きたいです，見たいです，ありません，遅れました，できません，故障です 痛いです，しなければなりません，書きました，習いたいです，結婚します

例1：相撲を見たいんですが、どこでチケットを（買います…買ったらいいですか）。

例2：細かいお金がないんですが、200円（貸します…貸していただけませんか）。

1）日本人の友達が <u>（けっこんするんです</u> が、どんなプレゼントを

（あげます… <u>あげたらいいですか</u>）

2）頭が <u>いたいんです</u> が、どの薬を（飲みます… <u>のんだら いいですか</u>）。

3）NHKへ <u>いきたいんです</u> が、地図を（かきます… <u>かいていただけませんか</u>）

4）10時までに会議の準備を <u>しなければなりませんです</u> が、

（手伝います… <u>てつだっていただけませんか</u>）。

5）柔道を <u>ならいたいんです</u> が、いい先生を（紹介します… ）。

6）日本語でレポートを <u>かいたんです</u> が、ちょっと

（見ます… <u>みていだだけません</u>か）

7）2階の事務所のパソコンが <u>こしょうなんです</u> が、どう

（します… <u>したらいいですか</u>）。

8）きょうは修理が <u>できないんです</u> が、あしたまで

（待ちます… <u>まっていただけませんか</u>）。

名前 ジュン パク

1.例:

飲みます	飲めます	飲める
1) みる	見られます	みられる
2) 建てます	たてます	たてられる
3) たちます	立てます	たてる
4) はしります	はしれます	走れる
5) 借ります	かります	かりられる
6) さがします	捜せます	さがせる
7) 参加します	さんかできます	さんかでき

8) 起きます	おきられる	おきられる
9) おきます	置けます	おける
10) ひらく	ひらけます	開ける
11) 来ます	こられます	こられる
12) きる	着られます	きられる
13) かう?	かえます	飼える
14) 換えます	かえられます	かえられる
15) よびます よぶ	呼べます	よべる.

2.例: きょうは車で来ましたから、お酒が飲めません。

1) 簡単な料理だったら、自分で __つくれます。__

2) 早く漢字を覚えたいですが、なかなか __おぼえられません。__

3) また会いたいですね。今度いつ __あえますか。__

4) 去年は忙しかったですから、長い休みが __できます。__
   とれませんでした。

3.例: 日本語で電話をかけることができますか。
   …日本語で電話がかけられますか。

1) 自分で自転車を修理することができますか。
   … __じぶんで じてんしゃが しゅうり できますか。__

2) あの人の名前を思い出すことができません。
   … __あのひとの 名前が おもいだせません。__

3) あした10時ごろ来ることができると思います。
   … __あした 10じごろ こられますか。__ （るとおもいます）

4) 一人で病院へ行くことができなかったんです。
   … __一人で びょういんへ いけませんでした。__ （なかったんです。）

5) 10時までに帰ることができたら、電話をください。
   … __10じまでに かえられるなら、でんわを ください__

6) タワポンさんはパソコンを使うことができないと言いました。
   … __タワポンさんは パソコンが つかえません と いいました__
   or
   つかえないと 〜.

4. 例：空港（まで）電車（で）行けますか。

　　　…ええ。バス（で）（も）行けますよ。✓

1) 駅の近く（に）大きいマンション（が）できました。

2) 2階の窓（が→に）お祭りの花火（が）見えます。

3) ここは波の音（が）よく聞こえます。✓

4) すみませんが、もう少し大きい声（で）話していただけませんか。

5) 時計の修理（は）いつできますか。

　　　…3日後（に）できます。

6) このカードでバス（に）乗れますか。✓

　　　…いいえ、バス（に）（は）乗れません。

7) これはデパート（で）買えますか。✓

　　　…ええ。スーパー（で）（も）買えますよ。

8) このマンション（で）犬や猫が飼えますか。✓

　　　…いいえ、このマンション（で）（は）飼えません。

　　　　　　　　　　　　　　　　　　　　　　　しか〜Vneg.

5. 例：夜どのくらい勉強しますか。…30分ぐらいしか勉強しません。✓

1) 冷蔵庫に卵がいくつありますか。…2つ　しか　ありません。

2) どんな料理が作れますか。…カレー　しか　つくれません。

3) きのうの晩はよく寝られましたか。…いいえ、2時間ぐらい　しか　ねられませんでした。

4) きのうの晩はたくさん飲みましたか。…いいえ、少し　しか　のみませんでした。

6. 例：山田さんと佐藤さんに連絡しましたか。（佐藤さん…○　山田さん…×）

　　　…（佐藤さんには連絡しましたが、山田さんには連絡しませんでした）。

1) 木村さんの住所と電話番号がわかりますか。（住所…○　電話番号…×）

　　　…（きむらさんのじゅうしょは わかりますが、でんわばんごうは わかりません）。✓

2) スポーツが好きですか。（ゴルフ…○　ほかのスポーツ…×）

　　　…（ゴルフは 好きですが、ほかのスポーツは 好きじゃ ありません）。✓

3) コーヒーに砂糖とミルクを入れますか。（ミルク…○　砂糖…×）

　　　…（ミルクは いれますが、さとうは いれません）。✓

4) 会社やうちでパソコンを使っていますか。（会社…○　うち…×）

　　　…（かいしゃでは パソコンをつかっていますが、うちでは つかっていません）。✓

名前　ジュン パク Ⓐ

1. 例：道を歩きながらたばこを吸わないでください。

1）本を _よみ_ ながらバスを待っていました。

2）ガムを _たべ_ ながら運転すると、あまり眠くなりません。 ? is gum たべる?

3）彼女は銀行で _はたらき_ ながら小説を書きました。

4）彼はアルバイトを___ し ___ながら大学に通っています。

5）いつも友達と昼ごはんを _たべ_ ながらおしゃべりしています。

2. 例：水曜日の夜はいつもダンスを習いに（行っています）が、きょうは行けません。

1）毎朝8時15分の電車に（ のっています ）が、けさは8時の電車に乗りました。

2）パンはいつも駅の前のパン屋で（ かっています ）が、きのうはスーパーで
買いました。

3）国ではよくドラマを（ みています した ）が、日本へ来てから、ニュースしか
見ません。

4）学生のとき、よく小説を（ よんでいます した ）が、会社に入ってから、
ほとんど読みません。

5）休みの日はたいていプールで泳いだり、テニスを（ しています ）が、
きのうは何もしませんでした。

3.

> まじめです，偉いです，熱心です，あります，違います
> できます，話せません，使えません，ありません

例：車の運転もできるし、力もあるし、弟に引っ越しを手伝ってもらいます。

1）わたしは経験も___ ない ___し、パソコンも _つかえない_ し、
この仕事は無理です。

2）彼女は _まじめだ_ し、_ねっしんだ_ し、早く日本語が上手になると
思います。

3）日本の生活にはもう慣れましたか。
　…ええ。でも、習慣も _ちがうん_ し、日本語もあまり _はなせない_ し、
時々国へ帰りたくなります。

5

4. 例：A：どうしてこのマンションを選んだんですか。（広いです・車が置けます）

B：広いし、車も置けるし、｛それに，それで｝ペットも飼えるんです。

1）A：よくこの料理を作るんですか。（おいしいです・簡単です）

B：ええ。＿おいしい＿し、＿かんたんだ＿し、

｛それに，それで｝子どもも好きなんです。

2）A：このコート、いかがですか。（形がいいです・色がきれいです）

B：そうですね。＿かたちがいい＿し、＿いろがきれい（だ）＿し、

｛それに，それで｝サイズもちょうどいいですね。

3）A：どうしてこの店はよく売れるんですか。（値段が安いです・品物が新しいです）

B：＿ねだんがやすい＿し、＿しなものがあたらしい＿から。

A：｛それに，それで｝いつも人が多いんですね。

4）A：ワットさんはいい先生ですね。（教え方が上手です・ユーモアがあります）

B：ええ。＿おしえかたが上手だ＿し、＿ユーモアがある＿し、

｛それに，それで｝とても優しいんです。

C：｛それに，それで｝学生に人気があるんですね。

5. 例：仕事もおもしろいし、給料も高いし、将来もこの会社で働きたいです。

1）頭＿もいたい＿し、熱＿もある＿し、たぶんかぜだと思います。

2）おなか＿もすきた＿し、のど＿もかわきた＿し、

あのレストランに入りませんか。

3）ここは駅から＿もとおい＿し、店＿もない＿し、とても不便です。

4）体の調子＿もわるい＿し、お金＿もない＿し、旅行に行けません。

5）声＿もいい＿し、ダンス＿も上手だ＿し、

あの歌手はとても人気があります。

6. きのう近くの公園へ花見に行きました。日曜日で、天気がよかったですから、
公園はすごい人でした。みんな花を（例：見ます…見）ながら
（a．食べます…＿たべた＿）り、（b．飲みます…＿のんだ＿）り
（c．します…＿して＿）いました。カラオケで歌っている人も
（d．いました…＿いるた＿）し、（e．歌います…＿うたい＿）ながら踊って
いる人もいました。わたしの国は桜の木も（f．少ないです…＿すくない＿）し、
花見の習慣も（g．ありません…＿ない＿）し、花見をしたことがありませんでした。

6

1. 例：この店（で）はカード（で）買い物できません。

1）このスーパー（は）夜9時（まで）開いています。

2）電車の網棚（に）忘れ物（を）してしまいました。

3）このかばん（に）はポケット（が）たくさん付いています。

4）切符をなくしたら、駅員（に）言ってください。

5）どこか（で）ちょっと休みませんか。

6）パンチはどこですか。

　…えーと、どこか（に）あると思いますよ。

2. 例：｛ガラス, コップ, お皿｝でビールを飲みます。

1）｛ちゃわん, 袋, 木の枝｝が折れています。

2）｛ガラス, ちゃわん, シャツ｝が破れてしまいました。

3）｛ボタン, ポケット, 財布｝が外れていますよ。

4）コップが｛割れました, 折れました, 破れました｝。

5）傘が｛割れて, 壊れて, 故障して｝しまいました。

3. 例：時計が（止まっています）から、時間がわかりません。

1）エアコンが（ついています）から、窓を開けないでください。

2）道が（こんでいます）から、約束の時間に間に合いませんでした。

3）コップが（よごれています）から、洗ってください。

4）けさは電車が（すいています）から、座れました。

5）隣のうちは電気が（けしています）から、だれもいないと思います。

6）ファクスが（こわれています）から、修理してもらわなければなりません。

7）寒いですね。…あ、窓が（あいています）から、閉めましょう。

8）会議室はかぎが（かかっています）から、いつでも入れますよ。

9）あそこに大きい車が（とまっている）んですが、だれが止めたんですか。

10）このかばん、ずいぶん重いですね。何が（はいっている）んですか。

7

4. 例：ちょっとお茶でも飲みませんか。

…すみません。この資料をファクスで送ってしまいますから。

1）ミラーさんにもらったケーキは？

…もう全部 <u>たべてしまいました</u>

2）その本、おもしろいですか。

…ええ。わたしはもう <u>ぜんぶよんでしまいました</u> から、貸しましょうか。

3）いっしょに帰りませんか。

…すみません。あしたの会議の準備を <u>してしまいます</u> から、お先にどうぞ。

4）レポートはもう書きましたか。

…いいえ、まだです。あしたから忙しくなりますから、今晩 <u>かいてしまいます。</u>

5）部長は何時に出かけるんですか。

…もう <u>でかけてしまいました</u>よ。

5.

> 落とします，捨てます，結婚します，まちがえます
> 破れます，忘れます，折れます，売れます

例：あの人の名前、この間聞いたんですが、忘れてしまいました。

1）わたしが結婚したかった人は、ほかの人と <u>けっこんしてしまいました。</u>

2）ここに置いた雑誌がないんですが……。

…あ、すみません。ごみの日に <u>すててしまいました</u>

3）袋が <u>やぶれてしまった</u> んですが、換えていただけませんか。

4）すみませんが、細かいお金を200円貸していただけませんか。どこかで財布を <u>おとしてしまった</u> んです。

5）この靴、デザインはいいんですが、色がちょっと……。黒いのはありませんか。

…すみません。あったんですが、<u>もう うれてしまいました。</u>

6）遅かったですね。どうしたんですか。

…すみません。道を <u>まちがってしまった</u> んです。

8

名前　ジユソ　パク

1. 例：キャッシュカード（は）財布（に）入っています。

　1）授業（**の**）まえに、予習しておきます。

　2）授業（**が**）終わったら、復習しておいてください。

　3）予定表（**に**）来月の予定（**を**）書いておきます。

　4）池（**の**）周り（**に**）桜の木（**が**）植えてあります。

　5）廊下（**の**）壁（**に**）お知らせ（**を**）はっておきました。

　6）ミラーさんから来た手紙（**は**）どこですか。

　　　…机（**の**）引き出し（**に**）しまってあります。

2.

例：本棚に本が並べてあります。

　1）部屋の真ん中に **つくえが　おいて** あります。

　2）本棚の上に **にんぎょうが　おいて** あります。

　3）壁にわたしが好きな歌手の **しゃしんが　ついて** あります。

　4）ポスターの横に **カレンダー　がついて** あります。

　5）エアコンが **つけて** あります。

　6）窓が **しめて** あります。

9

3. 例：旅行の切符はもう買いましたか。…はい、もう買ってあります。

1) ミーティングの場所と時間はもうみんなに知らせましたか。

…はい、もう **しらべてあります。**

2) お子さんの名前はもう決めましたか。

…はい、もう **きめて あります。**

3) 引っ越しの荷物はもう **まとめましたか。**

…はい、もうまとめてあります。

4) 教室はもう **かたづけましたか。**

…はい、もう片づけてあります。

4. 例：友達が来るまえに、部屋を掃除しておきます。

1) あした登る山は初めてですから、地図をよく **おぼえて** おきます。

2) あさっての夜ＩＭＣの部長と食事しますから、レストランを **よやくして** おきます。

3) 飲み物はパーティーの時間まで冷蔵庫に **いれて** おきます。

4) コップが汚れていますから、**あらって** おきます。

5. 例：部屋はあとでわたしが片づけますから、そのままにしておいてください。

1) はさみやセロテープを使ったら、元の所に **もどして** おいてください。

2) 使わない部屋の電気は **けして** おいてください。

3) クーラーがついていますから、窓は **しめて** おきましょう。

4) アメリカへ出張するまえに、どんな準備を **して** おいたらいいですか。

6. | いMS, あります, おきます |

例：テーブルの上にケーキの箱が置いてありますから、冷蔵庫に入れておいてください。

1) ごみの日はあしたなんですが、今晩出して **おいて** もいいですか。

2) この手紙、切手がはって **あります** から、はってから、出してください。

3) あそこに来週の予定が書いて **います** から、見て **おいて** ください。

4) 試験までにこの本を読んで **おい** なければなりません。

5) 新幹線の時間を調べて **おき** ましょうか。…ええ、お願いします。

6) あそこに止まって **いる** 車、だれか乗って **います** か。

…いいえ、だれも乗って **いません**

名前　ジュンパク

1. 例：

例：休む	休もう		7）残る	のころう	
1）知らせる	しらせろう		8）おりる	降りよう	
2）もどせる	戻そう		9）使う	つかおう	
3）相談する	そうだんしょう		10）見つける	みつけろう	
4）起きる	おきろう		11）ならべる	並べよう	
5）おく	置こう		12）選ぶ	えらめ→ぼう	
6）持って来る	もってこよう		13）持つ	もとう	

2. 例：疲れましたから、ちょっと休憩しましょう。→疲れたから、ちょっと休憩しよう。

1）時間がありませんから、急ぎましょう。→じかんがないから、いそごう

2）おいしいワインをもらいましたから、いっしょに飲みましょう。

　→おいしいワインもらったから、いっしょにのもう。

3）カリナさんがまだ来ていませんから、もう少し待ちましょう。

　→カリナさんがまだきてないから、もうすこしまとう。

4）暑いですから、エアコンをつけておきましょう。

　→あついから、エアコンつけておこう。

5）今暇ですから、手伝いましょうか。→いまひまだから、てつだおうか。

6）あの喫茶店に入りませんか。→あのきっさてんにはいちない。

　…ええ、そうしましょう。→うん、そうしよう

3. 例：連休は近くの温泉に行こうと思っています。

1）会社をやめて、もう一度大学で べんきょうしよう と思っています。

2）この週末は子どもを動物園へ つれていこう と思っています。

3）庭があるうちに引っ越ししましたから、犬を たせろう と思っています。

4）ミラーさんにおいしいケーキの作り方を教えてもらいましたから、自分で

　 つくろう と思っています。

5）この間見に行ったマンションを かおう と思っています。駅から近いし、

　家賃も安いですから。　rent　かりよう

4. 例：結婚したら、両親といっしょに住みますか。…いいえ、別々に<u>住む</u>つもりです。

1）これからも今の研究を続けますか。

…ええ、将来もずっと　<u>する（けんきゅう）</u>　つもりです。 *OK へ→つづける* ✓

2）来年大学院の試験を受けますか。…いいえ、　<u>うけない</u>　つもりです。

3）大阪まで新幹線で行きますか。…いいえ、車で　<u>いく</u>　つもりです。

4）夏休みにアルバイトをしますか。

…いいえ、アルバイトは　<u>しない</u>　つもりです。

試験勉強をしなければならないんです。

5. 例1：転勤はいつですか。（来年の３月です）…（来年の３月の）予定です。

例2：飛行機は何時に着きますか。（４時25分に着きます）

…（４時25分に<u>着く</u>）予定です。

1）今晩花火は何時に始まりますか。（７時に始まります）

…（<u>7じに はじめる</u>）予定です。 ✓

2）結婚式は何時までですか。（２時までです）…（<u>2じに おわる</u>）予定です。 ✓

3）課長の午後の予定がわかりますか。（支店へ行きます）

…（<u>してんへ いく</u>）✓　予定です。 *（へしまとき？）*

4）本社の会議にはだれが出席しますか。（部長が出席します）

…<u>ぶちょうが しゅっせき</u>する 予定です。

5）スキー旅行に参加する人は何人ぐらいですか。（50人ぐらいです）

…（<u>50人ぐらい くる</u>）✓ 予定です。 *（50人ぐらいの）*

6. 例：レポートの資料はもう集めましたか。

…いいえ、まだ集めていません。これから集めるつもりです。

1）電気屋はもうエアコンの修理に来ましたか。 ✓

…いいえ、まだ<u>きていません</u>。３時ごろ　<u>くる</u>　予定です。 ✓

2）結婚についてもう両親に話しましたか。

…いいえ、まだ<u>はなしていません</u>。今度国へ帰ったとき、<u>はなせる</u>す

つもりです。

3）林さんにあげるプレゼントはもう決めましたか。

…いいえ、まだ<u>きめていません</u>。直接林さんに希望を聞いてから、

<u>きめる</u>　*よう*　と思っています。

1. 例：駅まで歩いて5分（で）行けます。

1）弟はさくら大学（　　）合格しました。

2）ここは車の音（　　）うるさいです。

3）スキーに行って足（　　）けが（　　）しましたが、1週間（　　）治りました。

4）外国旅行のとき、お金は現金（　　）持って行かないほうがいいですよ。

5）やけど（　　）したら、すぐ水道の水（　　）冷やしてください。

6）かぜ（　　）ひいたんですか。…ええ、せき（　　）出て、熱もあるんです。

2. 例1：連休は込みますから、早くホテルを予約したほうがいいです。

例2：かぜの薬を飲んだら、車を運転しないほうがいいですよ。

1）富士美術館には駐車場がありませんから、電車で＿＿＿＿＿＿＿ほうがいいですね。

2）その牛乳はちょっと古いですから、＿＿＿＿＿＿＿ほうがいいですよ。

3）夕方は雨だと思いますから、傘を＿＿＿＿＿＿＿ほうがいいですよ。

4）熱があるときは、運動は＿＿＿＿＿＿＿ほうがいいですよ。

5）地図を見ても、よくわかりませんね。

　　…そうですね。あそこの交番で＿＿＿＿＿＿＿ほうがいいですね。

3. 例：よく晴れていますから、今夜はきっと星がきれいでしょう。

1）イーさんは独身ですか。

　　…ええ、たぶん＿＿＿＿＿＿＿でしょう。

2）今度のパーティー、お客さんのお皿は何枚ぐらいあったら、足りますか。

　　…そうですね。30枚ぐらいあったら、＿＿＿＿＿＿＿でしょう。

3）今週の土曜日は休めますか。

　　…忙しいですから、たぶん＿＿＿＿＿＿＿でしょう。

4）山田さんはまだ来ていないんですか。

　　…もう9時ですから、もうすぐ＿＿＿＿＿＿＿でしょう。

5）6月に北海道へ行くんですが、寒いと思いますか。

　　…そうですね。6月はそんなに＿＿＿＿＿＿＿でしょう。

6）国際結婚は大変だと思いますか。

　　…ええ、習慣も違うし、食べ物も違うし、きっと＿＿＿＿＿＿＿でしょう。

13

4. 例：コートを持って行くんですか。

　　…ええ。夜は寒くなるかもしれませんから。

1）約束の時間に間に合いますか。

　　…こんなに道が込んでいますから、＿＿＿＿＿＿＿＿＿＿かもしれません。

2）寒いですね。

　　…ええ。夜は雪が＿＿＿＿＿＿＿＿＿＿かもしれませんね。

3）この傘、だれかの忘れ物ですか。

　　…そうですね。お客さんの＿＿＿＿＿＿＿＿＿＿かもしれませんね。

4）4万円ぐらいでマンションを借りたいんですが、無理でしょうか。

　　…うーん、ちょっと＿＿＿＿＿＿＿＿＿＿かもしれませんよ。

5）もしかしたら、会社を＿＿＿＿＿＿＿＿＿＿かもしれません。

　　…やめて、何をするんですか。

6）友達の結婚式のとき、この服を着ようと思っているんですが、おかしいでしょうか。

　　…そうですね。日本ではちょっと＿＿＿＿＿＿＿＿＿＿かもしれませんよ。

7）ずっと暑い日が続いていますね。

　　…そうですね。しばらく暑い日が＿＿＿＿＿＿＿＿＿＿かもしれませんよ。

5.

> 戻れません，インフルエンザです，働きすぎです
> 失敗します，忙しいです，安くなります

例：インフルエンザかもしれませんから、早く病院へ（行きます…行った）ほうが

　　いいですよ。

1）5時までに本社に＿＿＿＿＿＿＿かもしれませんから、電話で

　　（連絡します…　　　　　　　）ほうがいいですね。

2）来週は＿＿＿＿＿＿＿かもしれませんから、これは今週

　　（やってしまいます…　　　　　　　）ほうがいいですね。

3）このパソコンはもっと＿＿＿＿＿＿＿かもしれませんから、まだ

　　（買いません…　　　　　　　）ほうがいいでしょう。

4）最近 体の調子がよくないんです。

　　…ちょっと＿＿＿＿＿＿＿かもしれませんよ。

　　（無理をしません…　　　　　　　）ほうがいいですよ。

14

A　　名前　ジユソ。パク

1. 例：

上げます	上げろ	上げるな
1) のります	のれ	乗るな
2) みます	見ろ	みるな
3) 飲みます	のめ	のむな
4) 出ます	でろ	でるな
5) だします	出せ	だすな
6) うんどうします	うんどうくろ	運動するな
7) 浴びます	あびろ	あびるな
8) いきます	行け	いくな
9) 連れて来ます	つれてこい	つれてくるな
10) まちます	まて	待つな

2. 例：手（に）やけど（を）してしまいました。

1）この字（は）何（と）読みますか。

2）あそこ（に）「止まれ」（と）書いてあります。

3）スキー（に）行ったら、けが（に）注意してください。

4）山田さん（は）今、席（を）外しています。

5）レポートは1週間以内（に）出してください。

3. わたしが子どものとき、父はよく

例1：規則を（守る…守れ）

例2：電車の中で（騒がない…騒ぐな）

1）自分のことは自分で（する… しろ ）

2）すぐ（あきらめない… あきらめるな）

3）たくさん本を（読む… よめ ）

4）約束の時間に（遅れない… おくれるな ）

と言いました。

15

4. 例：「無料」はお金を払わなくてもいいという意味です。

1) 「本日休業」は <u>きょうは えいぎょう しない</u> という意味です。

2) 「禁煙」は <u>ここで たばこを すってはいけない</u> という意味です。

3) 「使用中」は <u>いま だれかが 使っているから だめ</u> という意味です。

4) 「立入禁止」は <u>はいるな</u> という意味です。

5. 例：林さんはどこへ行ったんですか。（食事に行きます）

　　…食事に行くと言っていました。

1) 渡辺さんはまだコピーしているんですか。（もうすぐ終わります）

　　… <u>もうすぐ 終わる</u> と言っていました。

2) ミラーさんは渡辺さんの結婚式に出席するんですか。（出席できません）

　　… <u>しゅっせきできない</u> と言っていました。

3) 松本さんは体の調子が悪いんですか。（あまりよくないです）

　　… <u>あまり よくない</u> と言っていました。

4) 電気屋はいつエアコンの修理ができると言いましたか。（修理は無理です）

　　… <u>しゅうりは むりだ</u> と言っていましたよ。

5) 山田さんは何か言っていましたか。（今度の休みに釣りに行きましょう）

　　… <u>こんどの休みに つりに いこう</u> と言っていました。

6. 例：（出張の準備はもうできました→課長）

　　…課長に出張の準備はもうできたと伝えていただけませんか。

1) （15分ぐらい遅れます→林さん）

　　… <u>林さんに 15ふんぐらい おくれる</u> と伝えていただけませんか。

2) （5時までに会社に戻れません→ミラーさん）

　　… <u>ミラーさんに 5時までに もどれない</u> と伝えていただけませんか。

3) （次のミーティングは来週の木曜日です→山田さん）

　　… <u>山田さんに つぎのミーティングは らいしゅうの 木曜日だ</u> と伝えていただけませんか。

4) （みんな元気です→サントスさん）

　　… <u>サントスさんに みんな元気だ</u> と伝えていただけませんか。

5) （お土産のお菓子はとてもおいしかったです→カリナさん）

　　… <u>カリナさんに おみやげの おかしは とても おいしかった</u> と伝えていただけませんか。

復習 (26〜33課)
✓ OK

名前 ジユン・パク

/100点

1. (1 × 20 = 20)

例: 走ります	走れる	走ろう	走れ	走るな
1) 借ります	かりられる	かりよう	借りろ	かるな
2) あきらめます	あきらめられる	あきらめよう	あきらめろ	あきらめるな
3) 話します	はなせる	話そう	はなせ	はなすな
4) 運動します	うんどうできる	うんどうしよう	運動しろ	運動するな
5) 来ます	こられる	こよう	こい	来るな
6) 置きます	おきられる	置こう	おけ	おくな
7) 起きます	起きられる	おきよう	起きろ	おきるな
8) 立ちます	立てる	立とう	たて	たつな

2. 例: きのうは授業（に）遅れてしまいました。 (1 × 24 = 24)

1) ごみは駐車場の横（に）出してください。

2) 海の上（に）空港（が）できました。

3) 子どもが大きい声（で）歌を歌っています。

4) 先生の声（が）よく聞こえません。

5) スキー旅行（に）参加したいんですが、だれ（に）申し込んだらいいですか。

6) パン（は）買ってありますが、牛乳（は）買ってありません。

7) 飲み物はあの自動販売機（で）も買えますよ。

8) 部屋（も）きれいだし、家賃（も）安いし、このマンションを借りようと思います。

9) 道（が）込んでいましたから、約束の時間（に）間に合いませんでした。

10) テーブル（に）花（が）飾ってあります。

11) 入学式は12時まで（の）予定です。

12) この料理は簡単ですから、10分（で）できます。

13) あそこ（に）書いてある漢字は何（と）読みますか。

14) すみませんが、山田さん（に）会議はあしたになった（と）伝えていただけませんか。

15) すみませんが、会議の資料（を）コピーしておいてください。
　…資料（は）もうコピーしてありますよ。

3. (1×22＝22)

例：今度の土曜日は都合が（悪いです…悪い）んですが、予定を（変えます…変えて）

いただけませんか。

1）ガスが（つきません… つかない ）んですが、どこに

（連絡します… れんらく（した） らいいですか。

2）ここは（静かです… しずかだ ）し、緑も（多いです… おおい ）

し、それに、物価も（安いです… やすい ）んです。

3）飲み物は冷蔵庫に（入れます… いれて ）ありますから、出して、

テーブルに（並べます… ならべて ）おいてください。

4）勉強が忙しいですから、夏休みはどこへも（行きません… いかない ）

つもりです。

5）どこかで手帳を（なくします… なくして ）しまいました。

6）（働きます… はたらき ）ながら、大学で（勉強します… べんきょうしよう）

と思っています。

7）暇になったら、ピアノを（習います… ならおう ）と思っています。

8）自転車で学校に（通います… かよう ）つもりですが、雨の日は

（大変です… たいへん ）かもしれません。

9）道が（すきます… すいて ）いますから、

早く（着きます… つく ）かもしれません。

10）熱があったら、早く帰って、（休みます… やすんだ）ほうがいいですよ。

11）体の調子が悪いときは、無理を（しません… しない ）ほうがいいですよ。

12）部長はまだ（来ます… きて ）いません。

10時に（来ます… くる ）予定です。

13）高橋さんは渡辺さんの結婚式に（出席できません… しゅっせきできない）

と言っていました。

14）「使用禁止」は（使ってはいけません… つかってはいけない）という意味です。

4. 例：窓を開けます…窓が開きます　　　　　　　　　　　　　　　（1 × 5 = 5）

　　1）授業を始めます…授業が　<u>はじまります</u>

　　2）会議を続けます…会議が　<u>つづきます</u>

　　3）ドアを閉めます…ドアが　<u>しまります</u>

　　4）部屋を<u>かたづけます</u>…部屋が片づきます

　　5）車を　<u>とめます</u>　…車が止まります

5. 使えないものを1つ選んでください。　　　　　　　　　　　　　（1 × 5 = 5）

　　例：{コップ，花瓶，皿，~~袋~~} が割れました。

　　1）{けが，~~かぜ~~，やけど，忘れ物} をしました。

　　2）{人気，力，病気，経験} があります。

　　3）{~~傘~~，いす，切手，カメラ} が壊れてしまいました。

　　4）{~~ちゃわん~~，シャツ，切手，袋} が破れています。

　　5）{ファクス，~~眼鏡~~，洗濯機，カメラ} が故障してしまいました。

6. 例：A：ただいま。　　　　　　　　　　　　　　　　　　　　　（1 × 4 = 4）

　　　　B：{行っていらっしゃい，行ってまいります，⟨お帰りなさい⟩}。

　　1）A：このパソコンの修理、あさってまでにできないんですが。

　　　　B：{それはいけませんね，⟨困ったなあ⟩，ご苦労さま}。

　　2）A：いっしょに帰りませんか。

　　　　B：すみません。このコピーをやってしまいますから、{そろそろ失礼します，

　　　　　　また今度お願いします，⟨お先にどうぞ⟩}。

　　3）A：お子さんのけがはどうですか。

　　　　B：なかなかよくならないんです。

　　　　A：{おかげさまで，⟨それはいけませんね⟩，どうぞお元気で}。

　　4）A：課長、出張の資料は全部準備しておきました。

　　　　B：{かしこまりました，⟨ご苦労さま⟩，お願いします}。

7. 例：来週の予定は ｛確か, (はっきり), きっと｝ わかりません。　　　　　（1×20＝20）

1）木村さんに会って、｛(直接), 特に, きっと｝ 話したいです。

2）｛(最近), 今度, この間｝ いっしょにカラオケに行きませんか。

3）｛いつも, (いつか), いつでも｝ 月旅行に行けるかもしれません。

4）この橋は ｛はっきり, ずっと, (ずいぶん)｝ 長いですね。

5）日曜日は ｛確か, (たいてい), ずいぶん｝ うちにいます。

6）おとといから ｛(ずっと), きっと, はっきり｝ 雨が降っています。

7）この店の品物は ｛何も, 何か, (何でも)｝ 100円です。

8）来週は暇ですから、ミーティングは ｛いつも, いつか, (いつでも)｝ 大丈夫です。

9）高橋さんの電話番号は ｛はっきり, ほとんど, (確か)｝ 1234の5678だと思います。

10）｛はっきり, (しばらく), たいてい｝ 今の仕事を続けるつもりです。

11）｛もし, (もしかしたら), 確か｝ 来年の3月に卒業できないかもしれません。

12）旅行の写真は ｛(もう), まだ, あと｝ できていません。

13）疲れましたから、｛(もう), まだ, あと｝ 歩けません。

14）｛もう, (まだ), あと｝ 雨が降っていますか。

15）すみませんが、｛ほかに, まだ, (あと)｝ 10分 ｛(しか), ほど, まで｝ 待って
　　いただけませんか。

16）引っ越しの準備は ｛たいてい, (ほとんど), しばらく｝ 終わりました。

17）朝はいつも4時半ごろ起きています。

　　…どうして ｛こんなに, (そんなに), あんなに｝ 早く起きるんですか。

18）きのうは頭も痛かったし、｛(それに), それで, そして｝ 熱もあったんです。

　　… ｛それに, (それで), そして｝ 休んだんですね。

A⁻   名前 ジコン・パク

1. 例：スポーツクラブ（ に ）通っています。

1）この棚（ に ）重い物を載せないでください。

2）車（ に ）乗ったら、まずシートベルト（ を ）してください。

3）これはちょっと塩（ を ）つけて食べてください。

4）10番線はこの黄色（ ✕ の ）矢印（ の ）とおりに、行ってください。

5）黒（ 山 ）紺（ の ）スーツ（ を ）着て結婚式（ に ）出席します。
　　　　　　か

2. 例1：番号・ボタンを押してください

　　　　…番号のとおりに、ボタンを押してください。

例2：さっき松本さんに聞きました・みんなに話しました

　　　　…さっき松本さんに聞いたとおりに、みんなに話しました。

1）わたしが今から言います・書いてください

　…わたしがいまからいう とおりに かいてください。

2）この図・いすと机を並べてください

　…このずのとおりに、いすとつくえをならべてください。

3）太い線・紙を折ってください

　…ふといせんの とおりに かみを おってください。

4）ここに書いてあります・薬を飲んでください

　…ここにかいてある とおりにくすりを のんでください。

5）ミラーさんに教えてもらいました・ケーキを作りました

　…ミラーさんに おしえてもらったとおりにケーキを つもりです

3. 例1：仕事のあとで、泳ぎに行きます。

例2：甘いお菓子を食べたあとで、苦いお茶を飲みます。

1）_しょくじの_ あとで、歯を磨いてください。

2）試験を_だした_ あとで、答えを思い出しました。

3）_こうぎの_ あとで、先生に質問しました。

4）_うんどうした_ あとで、シャワーを浴びます。

5）お客さんが_かえた_ あとで、忘れ物に気がつきました。

6）_けっこんしきの_ あとで、すぐ旅行に行きます。

| 結婚式, 食事 |
| 講義, ~~仕事~~ |
| 運動します |
| 見つかります |
| 食べます |
| 出します |
| 帰ります |

4. 例：銀行からお金を借りてうちを買いました。

1）この手紙は90円の切手を＿＿＿はって＿＿＿出してください。

2）天気がいい日には帽子を＿＿＿かぶって＿＿＿出かけます。

3）ケーキは箱に＿＿＿いれて＿＿＿持って行きます。

4）レポートには名前を＿＿＿かいて＿＿＿出してください。

5）彼は白いシャツを＿＿＿きて＿＿＿、青いネクタイを＿＿＿して＿＿＿来ました。

5. 例：朝ごはんを食べて学校へ行きますか。…いいえ、食べないで行きます。

1）コーヒーは砂糖を＿＿＿いれて＿＿＿飲みますか。…いいえ、入れないで飲みます。

2）渡辺さんは傘を持って出かけましたか。…いいえ、＿＿＿もたないで＿＿＿出かけました。

3）クーラーを消して寝ましたか。…いいえ、＿＿＿けさないで＿＿＿寝てしまいました。

4）旅行はホテルを＿＿＿よやくして＿＿＿行きましたか。

　　…いいえ、予約しないで行きましたが、すぐ泊まれました。

6. 例：要らない箱はここに置かないで、捨ててください。

1）連休はどこへも＿＿＿いかないで＿＿＿、うちでゆっくり休みたいです。

2）最近バスやタクシーに＿＿＿のらないで＿＿＿、よく歩いています。

3）電気製品が故障しても、新しいのを＿＿＿かわないで＿＿＿修理して使っています。

4）きのうはうちへ＿＿＿かえらないで＿＿＿、友達のうちに泊まりました。

5）日曜日も＿＿＿やすまないで＿＿＿、働くんですか。

6）一人で＿＿＿きめ ないで＿＿＿、みんなに相談して決めたほうがいいですよ。

7. 例：友達と{話しながら, 話して, 話すと} 歩きました。

1）あそこに {座りながら, 座って, 座ると} お弁当を食べましょう。

2）電話を {かけながら, かけて, かけたら} 車を運転しないでください。

3）いつも眼鏡を {かけながら, かけて, かけたら} 新聞を読みます。

4）このつまみを {押しながら, 押しても, 押すと} 右へ回すと、ガスがつきます。

5）もし、わたしが遅れたら、{待たないで, 待って, 待つと} 先に行ってください。

6）そんなに {急ぎながら, 急いで, 急がないで} 歩かなくても、間に合いますよ。

7）きのうはおふろに {入っても, 入ると, 入らないで} 寝てしまいました。

8）やまと美術館は6番のバスに {乗りながら, 乗って, 乗ると} 4つ目で

　　{降りて, 降りながら, 降りると} 左に見えます。

1. 例：電話（が）かからないんですが、どうすればいいですか。

1）道（　　）財布（　　）拾いました。

2）予定（　　）変わったら、知らせてください。

3）正しい答え（　　）丸を付けてください。

4）もう一度ほかの方法（　　）やりましょう。

5）向こう（　　）見える建物（　　）何ですか。

6）庭（　　）珍しい花（　　）咲いていますね。

2.

| 普通の日です，楽です，安いです，簡単な料理です，困ります |
| 出します，引きます，話せます，もらいません，要りません |

例1：速達で出せば、あした着くと思います。

例2：簡単な料理なら、作れます。

1）いろいろな外国語が＿＿＿＿＿＿＿＿＿＿＿＿、海外旅行は楽しいでしょう。

2）許可を＿＿＿＿＿＿＿＿＿＿＿＿、ここには入れません。

3）いい品物で、＿＿＿＿＿＿＿＿＿＿＿＿、たくさん売れると思います。

4）＿＿＿＿＿＿＿＿＿＿＿＿、デパートはそんなに込んでいないと思いますよ。

5）操作が＿＿＿＿＿＿＿＿＿＿＿＿、長い時間車を運転しても、疲れないでしょう。

6）この雑誌、＿＿＿＿＿＿＿＿＿＿＿＿、捨てますよ。

7）このカーテンはどうやって閉めるんですか。

　　…そのひもを＿＿＿＿＿＿＿＿＿＿＿＿、閉まりますよ。

3. 例：パスポートをなくしました・どうしますか

　　…パスポートをなくしたんですが、どうすればいいですか。

1）新しいパソコンの使い方がわかりません・だれに聞きますか

　　…＿＿＿＿＿＿＿＿＿＿＿＿＿＿＿＿＿＿＿＿＿＿＿＿

2）大学院の試験を受けたいです・いつまでに申し込みますか

　　…＿＿＿＿＿＿＿＿＿＿＿＿＿＿＿＿＿＿＿＿＿＿＿＿

3）お葬式に行きます・どんな服を着て行きますか

　　…＿＿＿＿＿＿＿＿＿＿＿＿＿＿＿＿＿＿＿＿＿＿＿＿

4. 例1：A：体の調子がよくないですから、たばこを<u>やめます</u>。

　　　　B：たばこを<u>やめれば</u>、よくなるかもしれませんよ。

　例2：A：<u>ワインを買いたい</u>んですが、どこで買ったらいいですか。

　　　　B：<u>ワインなら</u>、ユニューヤ・ストアがいいと思いますよ。

1）A：間に合わないかもしれませんから、タクシーで<u>行きます</u>。

　　B：タクシーで＿＿＿＿＿＿＿＿、間に合うでしょう。

2）A：こんなに雨が降っていますから、あしたの山登りは<u>無理です</u>よ。

　　B：山登りが＿＿＿＿＿＿＿＿、ゆっくり温泉に入りましょう。

3）A：京都へ旅行に行くんですが、いい<u>ホテル</u>を知っていますか。

　　B：そうですね。京都の＿＿＿＿＿＿＿＿、さくらホテルがいいと思いますよ。
　　　駅から近いし、設備もいいですから。

　　A：駅から近くて、設備が＿＿＿＿＿＿＿＿、高いでしょう？

5. 例1：外国語の勉強は<u>若ければ若いほど</u>いいです。

　例2：生活が便利に<u>なればなるほど</u>電気を使います。

1）給料やボーナスは＿＿＿＿＿＿＿＿＿＿ほどいいです。

2）マンションの家賃は駅から＿＿＿＿＿＿＿＿＿＿ほど高くなります。

3）パソコンは操作が＿＿＿＿＿＿＿＿＿＿ほどいいです。

4）ピアノやテニスは＿＿＿＿＿＿＿＿＿＿ほど上手になります。

5）年を＿＿＿＿＿＿＿＿＿＿ほど歯や目が悪くなります。

6. 例1：資料は30枚 ｛あれば（○）, あったら（○）｝、足りるでしょう。

　例2：道具を ｛使えば（×）, 使ったら（○）｝、元の所に戻しておいてください。

1）ここを ｛押せば（　　）, 押すと（　　）｝、ふたが開きます。

2）来週広島へ出張しますから、広島へ ｛行けば（　　）, 行ったら（　　）｝、
　　友達に会いたいです。

3）時間が ｛なければ（　　）, なかったら（　　）｝、タクシーで行きます。

4）｛寒ければ（　　）, 寒かったら（　　）｝、クーラーを消してください。

5）あした ｛晴れると（　　）, 晴れれば（　　）｝、海へ行きます。

6）｛困ったら（　　）, 困ると（　　）｝、相談に来てください。

7）タクシーに忘れ物をしたんですが、どう ｛すれば（　　）, したら（　　）｝
　　いいですか。

名前　ジユンソ・パク

1. 例：事故（で）バス（が）遅れたんです。
　1）胃の病気（で）入院するので、社員旅行（に）参加できません。
　2）授業（に）遅刻して、先生（に）しかられました。
　3）質問（に）答えられなくて、恥ずかしかったです。
　4）バスはこの道（を）通って、駅まで行きます。

2. 例1：（地震です…地震で）橋が壊れました。
　　例2：電話で母の元気な声を（聞きました…聞いて）、安心しました。
　1）（台風です… たいふうで ）木が倒れました。
　2）日本語が（わかりません… わからなくて ）、困っています。
　3）バスが（遅れました… おくれて ）、約束の時間に間に合いませんでした。
　4）渡辺さんに（会えませんでした… あえなくて ）、がっかりしました。
　5）友達が（いません… いないので）、寂しいです。
　6）このコーヒーは（熱いです… あついので ）、飲めません。
　7）パチンコ屋で先生に（会いました… あって ）、びっくりしました。
　8）（火事です… かじで ）京都の古いお寺が焼けてしまいました。
　9）あのビルが（邪魔です… じゃまで ）、富士山が見えません。
　10）パーティーに（出席できません… しゅっせきできなくて すみません。

3. 例：その窓から庭が見えますか。
　　　…いいえ、もう外は（暗いです…暗くて）、何も見えません。
　1）8時の電車に乗れましたか。
　　　…いいえ、（込んでいました… こんでいって ）、のれませんでした。
　2）ゆうべよく寝られましたか。
　　　…いいえ、隣のテレビの音が（うるさかったです…うるさかったで、ねられませんでした
　3）漢字はすぐ覚えられますか。
　　　…いいえ、形が（複雑です… ふくざつで ）、なかなか おぼえられません。
　4）講義はわかりますか。
　　　…いいえ、話し方が（速いです… はやくて ）、わかりません。

4. 例：毎日（練習しました…練習した）ので、日本語が話せるようになりました。

1) 友達の結婚式が（あります… あった ）ので、早退してもいいですか。

2) 漢字が（わかりません… わからなかった）ので、ひらがなで書いてもいいですか。

3) お金が（ありませんでした… なかった ）ので、何も買いませんでした。

4) あしたお見合いを（します… する ）ので、着物を着ようと思っています。

5) ちょっと（邪魔です… じゃまな ）ので、この箱を片づけてもいいですか。

6) 東京は家賃が（高いです… たかいな ）ので、広い部屋は借りられません。

7) この電車は（特急です… とっきゅうな ）ので、1時間ぐらいで着くと思います。

8) 今はラッシュの（時間じゃありません… 時間じゃない）ので、込んでいないと思います。

9) 病気で（入院しました… にゅういんした）ので、1か月学校を休んでしまいました。

10) コーヒーはあまり（好きじゃありません… 好きじゃない ）ので、紅茶を飲みます。

5. 例：かぜでした／頭が痛かったです／会社を休みました

　　… （かぜで頭が痛かったので、会社を休みました。）

1) 地震でした／ビルが倒れました／人が大勢死にました

　　…（じしんでビルが倒れたので人が大勢死にました。 ）

2) テニスをしました／疲れました／早く寝ます

　　…（テニスをしてつかれたので早く寝ます ）

3) この荷物は重いです／一人で持てません／手伝ってください

　　…（このにもつは重くて、一人で持てないのでてつだってください。 ）

4) 足が痛かったです／歩けませんでした／タクシーで帰りました

　　…（足がしたかったで、あるけなかったので、タクシーで帰はりた ）

6. 例：うるさくて 勉強しません, 勉強できません。

1) 富士山が見えて うれしかったです, 写真を撮りました。

2) 日本は物価が高くて 困ります, 買い物をしません。

3) わたしは字が下手で 手紙を書きません, 恥ずかしいです。

4) 遅くなって すみません, タクシーに乗ろうと思います。

5) 台風で 寝ませんでした, 寝られませんでした。

1. 例：田中先生はもう（帰りました…帰られました）か。

1）社長はきのう遅くまで仕事を（しました…　　　　　　　　）そうです。

2）先生はどちらで電車を（降ります…　　　　　　　）か。

3）先生はたった今教室を（出ました…　　　　　　　　）ところです。

4）先生が教室へ（来ます…　　　　　　　）まえに、宿題を出してください。

5）今から先生が（説明します…　　　　　　　）とおりに、書類を書いてください。

6）ワット先生はもう教室に（入りました…　　　　　　　　）。

2. 例：クララさんは日本の新聞を<u>お読みになります</u>か。

　　…ええ、読みます。

1）先生、＿＿＿＿＿＿＿＿＿＿＿＿でしょう？

　　…ええ、少し疲れましたね。

2）部長はこの会社に何年ぐらい＿＿＿＿＿＿＿＿＿＿か。

　　…そうですね。30年ぐらい勤めました。

3）課長、会社に＿＿＿＿＿＿＿＿＿＿つもりですか。

　　…ええ、戻ろうと思っています。

4）その手帳、どちらで＿＿＿＿＿＿＿＿＿＿んですか。

　　…エドヤストアで買いました。

5）何を＿＿＿＿＿＿＿＿＿＿いるんですか。

　　…車のかぎを捜しているんですが。

　　あ、ポケットの中にありました。

6）どこかに＿＿＿＿＿＿＿＿＿＿んですか。

　　…ええ、銀行に寄るつもりです。

7）部長はたばこを＿＿＿＿＿＿＿＿＿＿か。

　　…いいえ、わたしは吸いません。

8）課長、IMCの中村さんに電話を＿＿＿＿＿＿＿＿＿＿か。

　　…あ、いけない。まだかけていません。

9）忘れないで薬を＿＿＿＿＿＿＿＿＿＿ください。

　　…わかりました。

3.

掛けます，集まります，過ごします，使います，答えます
買います，通ります，楽しみます，入ります，待ちます

例：どうぞ、そのいすにお掛けください。

1）たばこをお吸いになるときは、その灰皿を_____ください。

2）では、楽しい週末を_____ください。

3）美術館に入るまえに、入口で切符を_____ください。

4）あしたは8時までにロビーに_____ください。

5）危ないですから、歩く方はこちらの道を_____ください。

6）ここは出口ですから、あちらから_____ください。

7）これから始まるコンサートをどうぞ_____ください。

8）申し訳ありませんが、あと10分ほど_____ください。

4. 例：あの部屋にだれかいますか。…はい、社長が<u>いらっしゃいます</u>。

1）社長、昼ごはんは_____か。

　　…ええ、もう食べました。

2）だれがカタログを届けろと言ったんですか。

　　…部長が_____んです。

3）あの留学生の名前を_____か。

　　…いいえ、知りません。

4）だれがこのチョコレートをくれたんですか。

　　…ハンス君のお母様が_____んです。

5）社員旅行にはみんな行きますか。

　　…ええ、社長も_____

6）社長、ゴルフをなさいますか。

　　…ええ、毎週_____よ。

7）この間のピカソの展覧会を_____か。

　　…ええ、見ましたよ。

8）何時までに会社へ来ればいいんですか。

　　…9時までです。でも、社長は8時半に_____よ。

1. 例：私は貿易会社（ に ）勤めております。

1）初めまして。林（　　　）申します。

2）ミラーさんがスポーツ大会（　　　）優勝したの（　　　）ご存じですか。

3）きれいな桜の花をビデオ（　　　）撮って、国の家族（　　　）見せたいと思います。

4）この賞金は何（　　　）お使いになるつもりですか。

5）お名前は何（　　　）おっしゃいますか。

6）伊藤先生（　　　）パーティー（　　　）ご招待したいと思います。

2. 例1：タクシーを（呼びます…お呼びし）ましょうか。

　　例2：私が（案内します…ご案内し）ます。

1）雨が降っていますね。傘を（貸します…　　　　　　　　　　　　　　）ましょうか。

2）私が書類を（届けます…　　　　　　　　　）ました。

3）先生、お茶を（いれます…　　　　　　　　）ました。

4）私が写真を（撮ります…　　　　　　　　　）ます。

5）先生にはもう（話します…　　　　　　　　）ました。

6）いつでも（手伝います…　　　　　　　　　）ますから、おっしゃってください。

7）この本を（借ります…　　　　　　　　）もいいですか。

8）サイズが合わなければ、（取り替えます…　　　　　　　）ますよ。

3. 例：部長に借りた本はもうお返しになりましたか。…はい、もうお返ししました。

1）中村課長にお会いになりましたか。…はい、＿＿＿＿＿＿＿＿＿＿＿＿＿＿＿＿＿

2）先生のご都合をお聞きになりましたか。…はい、＿＿＿＿＿＿＿＿＿＿＿＿＿＿＿

3）先生にお手紙をお出しになりましたか。…はい、＿＿＿＿＿＿＿＿＿＿＿＿＿＿＿

4）皆さんにお知らせになりましたか。

　　…いいえ、まだです。あした＿＿＿＿＿＿＿＿＿＿＿＿＿＿＿＿＿＿＿つもりです。

5）小川さんにお電話をおかけになりましたか。

　　…いいえ、これから＿＿＿＿＿＿＿＿＿＿＿＿＿＿＿＿＿＿＿＿ところです。

6）社長は今、席を外しておりますが、お待ちになりますか。

　　…はい、＿＿＿＿＿＿＿＿＿＿＿＿＿＿＿＿＿＿＿＿＿＿＿＿＿＿

4. 例：いつ京都へいらっしゃいますか。…あした参ります。

1）外国人登録をなさいましたか。…はい、＿＿＿＿＿＿＿＿＿＿＿＿＿＿＿＿＿＿

2）お父さんは何とおっしゃいましたか。

　　…父は何でも好きな仕事をしてもいいと＿＿＿＿＿＿＿＿＿＿＿＿＿＿＿＿

3）どうぞご遠慮なく召し上がってください。

　　…ありがとうございます。　では、遠慮なく＿＿＿＿＿＿＿＿＿＿＿＿＿＿

4）これ、京都で撮ったお寺の写真ですが、ご覧になりますか。

　　…ええ、ぜひ＿＿＿＿＿＿＿＿＿＿＿＿＿＿＿＿＿＿＿＿たいです。

5）あそこに立っている人をご存じですか。

　　…いいえ、＿＿＿＿＿＿＿＿＿＿＿＿＿＿＿＿＿＿＿＿

6）この近くにポストがありますか。

　　…はい、あのスーパーの前に＿＿＿＿＿＿＿＿＿＿＿＿＿＿＿＿＿＿

5. 例：父はさ来週日本へ ｛いらっしゃいます，来られます，（参ります）｝。

1）先生はパーティーの時間を ｛存じています，ご存じです，存じません｝ か。

2）また先生に ｛お目にかかりたい，拝見したい，ご覧になりたい｝ と思います。

3）先生の予定は受付で ｛お聞きになって，お聞きして，伺って｝ ください。

4）わたしたちは来週先生のお宅へ ｛伺います，いらっしゃいます，来られます｝。

5）先生は何と ｛お話ししました，申しました，おっしゃいました｝ か。

6）私が旅行について ｛ご説明します，説明されます，説明なさいます｝。

7）グプタさんは刺身を ｛いただきません，召し上がりません，お食べしません｝。

6. ミラー：もしもし、松本さんの （例：うち…お宅） ですか。

　松　本：はい、（松本です…a. ＿＿＿＿＿＿＿＿＿＿＿）。

　ミラー：私はＩＭＣのミラーと （言います…b. ＿＿＿＿＿＿＿＿＿＿） が、

　　　　　松本部長は （います…c. ＿＿＿＿＿＿＿＿＿） か。

　松　本：主人は今 （出かけています…d. ＿＿＿＿＿＿＿＿＿＿） が。

　ミラー：何時ごろ （帰ります…e. ＿＿＿＿＿＿＿＿＿） か。

　松　本：夕方には （帰って来ます…f. ＿＿＿＿＿＿＿＿＿）。

　ミラー：じゃ、7時ごろまた （電話します…g. ＿＿＿＿＿＿＿＿＿）。

　　　　　（失礼します…h. ＿＿＿＿＿＿＿＿＿）。

1. 例：ことしは去年（より）早く桜が咲きそうです。　　　　　　　　（1×25＝25）

1）髪をショート（　　）してください。…これ（　　）いいでしょうか。

2）子どもの声（　　）しますね。男の子（　　）ようです。

3）食事は和食（　　）洋食（　　）どちら（　　）しますか。

4）あと15分ぐらい（　　）終わりそうですから、待ってください。

5）母は妹（　　）買い物（　　）行かせました。

6）この仕事はあなた（　　）ぴったりだと思います。

7）靴のひも（　　）切れそうですから、新しいの（　　）換えます。

8）この字の大きさ（　　）2倍（　　）したいんですが。

9）娘（　　）塾（　　）通わせます。

10）交通事故（　　）あって、1か月さくら病院（　　）入院しました。

11）先生は絶対に学生（　　）英語（　　）使わせません。

12）部長の息子さんは医者（　　）はずです。

13）お世話になった皆様（　　）心から感謝いたします。

14）どうぞ、このいす（　　）お掛けください。

15）このコップは丈夫で、子どもが使うの（　　）安全でいいです。

2. 例：どうして遅刻したか、｛具合, ⓛ理由, 原因｝を言ってください。　　（1×10＝10）

1）コンピューターの調子が悪い場合は、｛保険証, 保証書, 説明書｝を持って来て
　　ください。無料で修理します。

2）彼は洋服の｛センス, カット, セット｝がありますね。

3）この｛たんす, かばん, ふろしき｝はポケットがたくさんあって、使いやすいです。

4）パソコンの故障の｛目的, 原因, 調子｝を調べています。

5）わたしは｛濃い, 厚い, 細かい｝コーヒーが好きなんです。

6）｛あまり, どうも, もっと｝エンジンの調子が悪いようです。

7）｛特別な, 十分な, 適当な｝人がいなくて、なかなか結婚できません。

8）図書館から借りた本は2週間｛以上, 以下, 以内｝に返してください。

9）マラソン大会で｛1号, 1位, 1便｝になれなくて、残念でした。

10）仕事は｛うまく, よく, ひどく｝いきました。

3. 例：網棚の荷物が（落ちます…落ち）そうです。　　　　　　　　　（1×15＝15）

1）新聞によると、東京の人口は（減っています…　　　　　）そうです。

2）ワット先生はいつも（親切です…　　　　　）教えてくださいます。

3）会話の試験のとき、（緊張します…　　　　　）すぎて、うまく話せませんでした。

4）白い服は（汚れます…　　　　　）やすいです。

5）あの二人はとても（楽しいです…　　　　　）そうです。何かいいことが

　　あったようです。

6）ノートの字が（読みます…　　　　　）にくいです。もっと丁寧に書いてください。

7）この料理は（冷たいです…　　　　　）して召し上がってください。

8）たばこを買いに（行きます…　　　　　）来ます。

9）会社を（休みます…　　　　　）場合は、必ず電話をかけてください。

10）先月日本語の勉強を（始めます…　　　　　）ばかりなのに、日本語が上手ですね。

11）ちょうど今から（食事します…　　　　　）ところです。ごいっしょに

　　いかがですか。

12）グプタさんは先週国へ帰ると言っていましたから、今日本に（いません…　　　　　）

　　はずです。

13）友達に聞いたんですが、きのうの野球の試合は（ありませんでした…　　　　　）

　　そうです。

14）わたしにこの仕事を（やります…　　　　　）いただけませんか。

　　…じゃ、お願いします。

15）先生は毎週月曜日に学生に日曜日のことを（話します…　　　　　）ので、

　　学生は準備しておかなければなりません。

（2×16＝32）

4.

| いらっしゃいます，召し上がります，おっしゃいます，お目にかかります，申します |
| なさいます，いたします，拝見します，ご覧になります，くださいます，おります |
| 参ります，伺います，ご存じです，いただきます，存じます，お会いになります |

例：日本でどんな所へ<u>いらっしゃいました</u>か。…日光へ<u>参りました</u>。

1）先月生まれた赤ちゃんのお名前は何と＿＿＿＿＿＿＿＿んですか。

　　…太郎と＿＿＿＿＿＿＿＿。

2）伊藤先生が撮ってくださった写真をもう＿＿＿＿＿＿＿＿か。

　　…はい、きのう＿＿＿＿＿＿＿＿。

3）奥様、ワインを＿＿＿＿＿＿＿＿か。

　　…ええ、少し＿＿＿＿＿＿＿＿

4）あしたの卒業式でどなたがあいさつを＿＿＿＿＿＿＿＿か。

　　…私が＿＿＿＿＿＿＿＿

5）日曜日お宅へ＿＿＿＿＿＿＿＿もいいですか。

　　…ええ、どうぞ。日曜日はたいていうちに＿＿＿＿＿＿＿＿から。

6）部長のお宅の電話番号を＿＿＿＿＿＿＿＿か。

　　…いいえ、＿＿＿＿＿＿＿＿

7）きのうお国からあなたの先生が＿＿＿＿＿＿＿＿そうですね。

　　…ええ、先生がお土産に国のお菓子を＿＿＿＿＿＿＿＿ので、

　　　いっしょにいかがですか。

8）先週のパーティーで部長の奥様にお会いしましたが、あなたも＿＿＿＿＿＿＿＿か。

　　…はい、私も＿＿＿＿＿＿＿＿

5. 例：課長はもう帰られましたか。…いいえ、まだ<u>お帰りになりません</u>。　　　　（1×7＝7）

1）ワット先生は日本語を上手に＿＿＿＿＿＿＿＿そうですね。

　　…ええ。それに韓国語も少しお話しになります。

2）先生はどちらへ＿＿＿＿＿＿＿＿んですか。

　　…国際会議のために、ニューヨークへお出かけになったんです。

3）きょうは部長はかぜで休まれました。

　　…そうですか。かぜで＿＿＿＿＿＿＿＿んですか。

4）松本部長は何時ごろ戻られますか。

　　…4時ごろ＿＿＿＿＿＿＿＿予定です。

5）山田さんはほんとうに会社をやめられたんですか。

　　…ええ、結婚なさるので、先月＿＿＿＿＿＿＿＿

6）松本部長はうちを建てられたそうですね。

　　…ええ、郊外にすばらしいうちを＿＿＿＿＿＿＿＿んですよ。

7）ミラーさんはたばこを＿＿＿＿＿＿＿＿か。

　　…いいえ、お吸いにならないと思います。

6. | よう，そう，はず，ところ | (1×11＝11)

例：ミラーさん、駅までどのくらいかかりそうですか。

…そうですね。道が込んでいますから、2時間はかかると思いますよ。

1）引っ越しの準備は終わりましたか。

…いいえ、今やっている＿＿＿＿＿＿です。

2）その電子辞書は便利＿＿＿＿＿＿ですね。

…ええ、とても便利ですよ。

3）グプタさんの弟さんは日本語が上手なんですか。

…ええ、上手な＿＿＿＿＿＿ですよ。専門は日本文学ですから。

4）カリナさんの誕生日はいつですか。

…6月だ＿＿＿＿＿＿ですよ。

5）電気も消えているし、かぎも掛かっているし、グプタさんはいない＿＿＿＿＿＿です。

…残念ですね。また、来ましょう。

6）今ケーキを焼いた＿＿＿＿＿＿です。いっしょに食べませんか。

…わあ、おいし＿＿＿＿＿＿ですね。

7）駅前のスーパー、きょうは休みですか。

…ええ、水曜日ですから、休みの＿＿＿＿＿＿ですよ。

8）さっき山田さんに聞いたんですが、あしたの会議はない＿＿＿＿＿＿ですよ。

9）タワポンさんが泣いていますね。どうしたんですか。

…よくわかりませんが、試験に失敗した＿＿＿＿＿＿です。

10）遅くなってすみません。パーティーはもう始まりましたか。

…いいえ、これから始まる＿＿＿＿＿＿です。

1. 例：講義の準備（ に ）2時間（ は ）必要です。　　　　　　　　(1×15＝15)

1）変なにおい（　　）しますね。ちょっと見て来ます。

2）部長は鈴木さん（　　）3日間休ませました。

3）この歌手は若い女性（　　）人気があります。

4）宇宙（　　）興味があるんですが、いい本を教えていただけませんか。

5）祖父はお土産（　　）チョコレートをくれました。

6）世界の平和（　　）ために、働きたいと思います。

7）小川さんは80歳（　　）過ぎても、毎日運動しています。

8）故障（　　）場合は、この番号に連絡してください。

9）忘年会はいつ（　　）しますか。

10）この漢字は何（　　）読みますか。

11）カラオケはあなたの国（　　）もありますか。

　　…いいえ、わたしの国に（　　）ありません。

12）ビールは麦（　　）造ります。

13）もう少し大きい声（　　）言っていただけませんか。

14）イーさんは留守（　　）ようです。

2. 例：日本語が（上手⟷下手）です。　　　　　　　　　　　　(2×10＝20)

1）都合が（いい⟷　　　　　　）です。

2）このズボンは（細い⟷　　　　　　）です。

3）この川の水は（きれい⟷　　　　　　）です。

4）この山は（危険⟷　　　　　　）です。

5）（西⟷　　　　　　）の空が赤いです。

6）ここは（入口⟷　　　　　　）です。

7）わたしはその意見に（反対⟷　　　　　　）です。

8）（輸入⟷　　　　　　）が増えます。

9）ドアが（開きます⟷　　　　　　）。

10）仕事に（失敗しました⟷　　　　　　）。

3. 例：天気予報によると、あした雨が ｛⦅降るそうです⦆，降りそうです，降るようです｝。

1) この花は今にも ｛咲くそうです，咲きそうです，咲いたばかりです｝。

2) この新しい家具は、祖父に買って ｛もらった，くださった，いただいた｝ んです。

3) ちょっと早すぎたので、ここで ｛待たれてくださいませんか，

   待たせていただけませんか，お待ちしてくださいませんか｝。

4) 国へ ｛帰ると，帰ったら，帰れば｝、必ず手紙を書きます。

5) 日本からタイまで6時間ですから、3時の飛行機に乗れば、9時には

   ｛着くはずです，着くようです，着くそうです｝。

6) 食事のまえに、お皿をテーブルに並べて ｛あります，みます，おきます｝。

7) わたしは新しいカメラを弟に ｛なくされてしまいました，なくさせてしまいました，

   なくしてしまいました｝。

8) 来年も日本語の勉強を ｛続けそう，続けよう，続けるよう｝ と思っています。

9) このいすは壊れて ｛あります，います，おきます｝。

10) 先生は今晩お宅に ｛おりますか，ございますか，いらっしゃいますか｝。

11) 少々 ｛お待ちください，お待ちしてください，お待たれください｝。

12) きのう少し食べすぎて ｛おきました，みました，しまいました｝。

13) 田中先生に ｛お会いしたいんですが，お会いになりたいんですが，

   会われたいんですが｝。

14) わたしは娘に英語を ｛習われました，習わせました，お習いしました｝。

15) 来年大学院の試験を受けますか。…今 ｛考える，考えている，考えた｝ ところです。

4. 例：タクシーに （乗ります…乗ら） ないで、駅まで歩きました。　　　　(1×20＝20)

1) わたしは一人で着物が （着ます…　　　　　　　　　　） ません。

2) たばこを吸わないでください。ここは （禁煙です…　　　　　　　　　） んです。

3) お茶でも （飲みます…　　　　　　　　） ながら相談しませんか。

4) この店は味も （いいです…　　　　　　　　） し、店の人も （親切です…　　　　　　　）

   し、それに安いんです。

5) わたしは留学を （あきらめます…　　　　　　　　） と思っています。

6) 健康のために、できるだけ （運動します…　　　　　　　　　） ほうがいいです。

7) ちょっと （遅れます…　　　　　　　） かもしれませんから、

   先にミーティングを始めてください。

8）家族に（会えません…　　　　　　　　　　　）、寂しいです。

9）（食事します…　　　　　　　　　　）あとで、歯を磨いてください。

10）天気が（いいです…　　　　　　　　　　）ば、屋上から海が見えます。

11）あそこで寝ている猫、気持ちが（いいです…　　　　　　　　　　）そうですね。

12）足が痛くて、（歩けません…　　　　　　　　　　）なりました。

13）泥棒にカメラを（とりました…　　　　　　　　　　）。

14）（邪魔です…　　　　　　　　　　）ので、この荷物を片づけてください。

15）あしたは何時に（来られます…　　　　　　　　　　）か、わかりません。

16）切符を（なくします…　　　　　　　　　　）ないようにしてください。

17）（子どもです…　　　　　　　　　　）ために、一生懸命働いています。

18）そのかばん、（重いです…　　　　　　　　　　）そうですね。お持ちしましょうか。

19）コピーが薄くて見えないので、（濃いです…　　　　　　　　　　）してください。

20）あの人は（独身です…　　　　　　　　　　）のに、上手に子どもの世話をします。

5. 例：あの人がかぶっている帽子、すてきですね。　　　　　　　　　　　　　（1×10＝10）

　　　わたしも ｛こんな，そんな，あんな｝帽子が欲しいと思っていたんです。

1）体の ｛調子，都合，元気｝ が悪いので、社員旅行に参加しません。

2）わたしの ｛興味，意味，趣味｝ は日曜大工なんです。

3）来月北海道へ ｛インターネット，ホームステイ，スケジュール｝ に行くんです。

4）このビデオは修理に2万円ぐらいかかりますよ。

　　　… ｛それで，それなら，それに｝ 新しいのを買ったほうがいいかもしれませんね。

5）この花はいい ｛色，におい，形｝ がしますね。

6）この靴はわたしの足に ｛はっきり，ぴったり，ゆっくり｝ です。

7）｛ちょっと，ちっとも，ちょうど｝ 今から授業が始まるところです。

8）｛ちゃんと，きっと，ずっと｝ お金を入れて、ボタンを押したのに、切符が
　　出ないんです。

9）｛できるだけ，もしかしたら，必ず｝ あしたの会議に出席できないかもしれません。

10）このホテルはアメリカの建築家 ｛によると，によって，について｝ 設計されました。

6. 例：いすを並べましょうか。…（ a ） (1×10＝10)

1）お先に失礼します。…（　　）

2）あ、いけない。…（　　）

3）姉は子どもの世話をしながら
　　大学で勉強しています。…（　　）

4）あのう、お願いがあるんですが。…（　　）

5）優勝、おめでとうございます。…（　　）

6）（　　）…ええ、かまいませんよ。

7）（　　）…それはいけませんね。

8）（　　）…ご苦労さま。

9）（　　）…それはおめでとうございます。

10）（　　）…すみません。お願いします。

a. ~~いいえ、そのままにして~~ ~~おいてください。~~
b. ありがとうございます。
c. 大学に合格しました。
d. はい、何ですか。
e. 課長、コピーができました。
f. どうしたんですか。
g. 傘、お貸ししましょうか。
h. 弟が入院したんです。
i. お疲れさまでした。
j. 午後早退してもいいですか。
k. 偉いですね。

(1×10＝10)

7. 例：｛暑ければ（○），暑かったら（○），暑いと（×）｝、窓を開けてください。

1）北海道へ｛行けば（　　），行ったら（　　），行くと（　　）｝写真を撮って来ます。

2）｛暇だったら（　　），暇で（　　），暇なら（　　）｝、遊びに来てください。

3）けさ学校へ｛来たとき（　　），来るとき（　　），来る場合は（　　）｝、駅で先生に
　　会いました。

4）電話番号を｛まちがえた場合は（　　），まちがえたら（　　），まちがえれば（　　）｝、
　　どうすればいいですか。

5）｛寒くて（　　），寒くても（　　），寒いので（　　）｝、窓を閉めていただけませんか。

6）日本の経済について論文を｛書くために（　　），書くのに（　　），
　　書くように（　　）｝日本へ来ました。

7）すみませんが、これを林さんに届けて｛もらいませんか（　　），
　　いただけませんか（　　），あげませんか（　　）｝。

8）先生、お荷物を｛持たれましょうか（　　），お持ちになりましょうか（　　），
　　お持ちしましょうか（　　）｝。

9）ちょっとうちに電話を｛かけたい（　　），おかけしたい（　　），
　　おかけになりたい（　　）｝んですが。

10）あそこに｛お立ちしている（　　），立っている（　　），立っていらっしゃる（　　）｝
　　のが母です。

66

執筆協力
　大越泰子　元財団法人アジア学生文化協会留学生日本語コース日本語講師
　堤　由子　日本語講師

本文イラストレーション
　向井直子

表紙イラストレーション
　さとう恭子

みんなの日本語初級II
標準問題集

1999年11月12日　初版第1刷発行
2014年7月4日　第18刷発行

編著者　　株式会社スリーエーネットワーク
発行者　　藤嵜政子
発　行　　株式会社スリーエーネットワーク
　　　　　〒102-0083　東京都千代田区麹町3丁目4番
　　　　　　　　　　　トラスティ麹町ビル2F
　　　　　電話　営業　03（5275）2722
　　　　　　　　編集　03（5275）2725
　　　　　http://www.3anet.co.jp/
印　刷　　日本印刷株式会社

ISBN978-4-88319-140-6 C0081

みんなの日本語シリーズ

みんなの日本語 初級I 第2版

- 本冊(CD付) ………………… 2,500円+税
- 本冊 ローマ字版(CD付) …… 2,500円+税
- 翻訳・文法解説
  - 英語版 …………………… 2,000円+税
  - ローマ字版【英語】……… 2,000円+税
  - 中国語版 ………………… 2,000円+税
  - 韓国語版 ………………… 2,000円+税
  - ドイツ語版 ……………… 2,000円+税
  - スペイン語版 …………… 2,000円+税
  - ポルトガル語版 ………… 2,000円+税
  - ベトナム語版 …………… 2,000円+税
  - イタリア語版 …………… 2,000円+税
  - フランス語版 …………… 2,000円+税
  - タイ語版 ………………… 2,000円+税
  - インドネシア語版 ……… 2,000円+税
- 標準問題集 ………………… 900円+税
- 漢字 英語版 ……………… 1,800円+税
- 漢字 ベトナム語版 ……… 1,800円+税
- 漢字練習帳 ………………… 900円+税
- 書いて覚える文型練習帳 …… 1,300円+税
- 導入・練習イラスト集 ……… 2,200円+税
- 絵教材CD-ROMブック …… 3,000円+税

みんなの日本語 初級II 第2版

- 本冊(CD付) ………………… 2,500円+税
- 翻訳・文法解説
  - 英語版 …………………… 2,000円+税
  - 中国語版 ………………… 2,000円+税
  - ベトナム語版 …………… 2,000円+税
- 標準問題集 ………………… 900円+税
- 書いて覚える文型練習帳 …… 1,300円+税
- 導入・練習イラスト集 ……… 2,400円+税
- 絵教材CD-ROMブック …… 3,000円+税

みんなの日本語 中級I

- 本冊(CD付) ………………… 2,800円+税
- 翻訳・文法解説
  - 英語版 …………………… 1,600円+税
  - 中国語版 ………………… 1,600円+税
  - 韓国語版 ………………… 1,600円+税
  - ドイツ語版 ……………… 1,600円+税
  - スペイン語版 …………… 1,600円+税
  - ポルトガル語版 ………… 1,600円+税
  - フランス語版 …………… 1,600円+税
  - ベトナム語版 …………… 1,600円+税
- 教え方の手引き …………… 2,500円+税
- 標準問題集 ………………… 900円+税

みんなの日本語 中級II

- 本冊(CD付) ………………… 2,800円+税
- 翻訳・文法解説
  - 英語版 …………………… 1,800円+税
  - 中国語版 ………………… 1,800円+税
  - ドイツ語版 ……………… 1,800円+税
  - スペイン語版 …………… 1,800円+税
  - ポルトガル語版 ………… 1,800円+税
  - フランス語版 …………… 1,800円+税
- 教え方の手引き …………… 2,500円+税

スリーエーネットワーク

ホームページで新刊や日本語セミナーをご案内しております。
http://www.3anet.co.jp/